AF186884

Impressum
Verlag: BABADADA GmbH, Nedderfeld 112 , 22529 Hamburg
Geschäftsführer / Verlagsleitung: Harald Hof
Druck: Books on Demand GmbH, In de Tarpen 42, 22848 Norderstedt

Imprint
Publisher: BABADADA GmbH, Nedderfeld 112 , 22529 Hamburg, Germany
Managing Director / Publishing direction: Harald Hof
Print: Books on Demand GmbH, In de Tarpen 42, 22848 Norderstedt

shkolla

el colegio

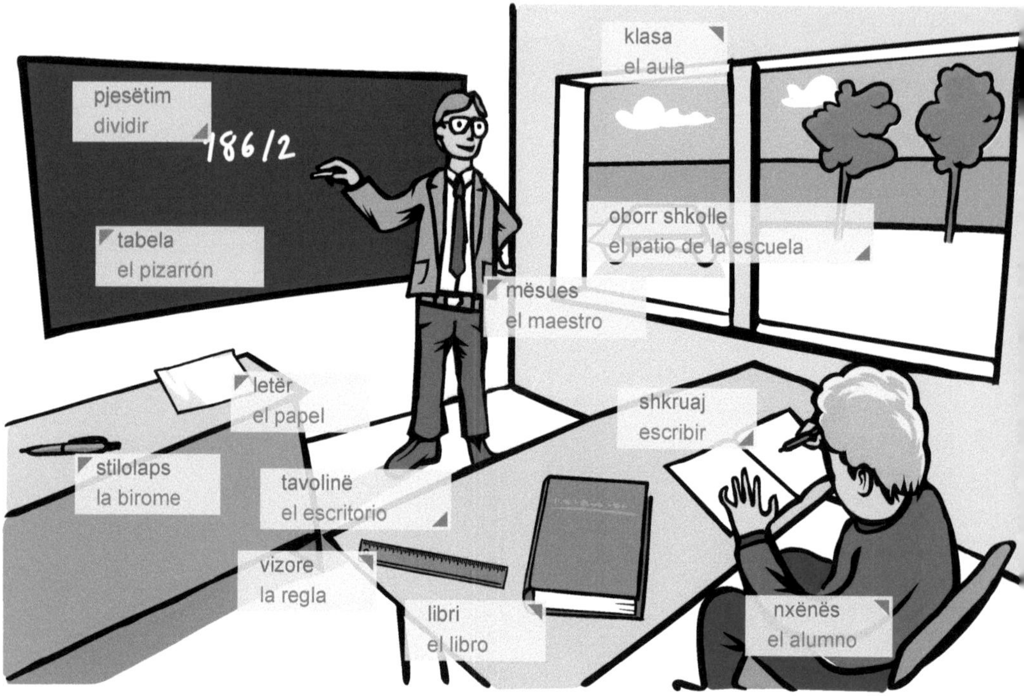

klasa
el aula
pjesëtim
dividir
186/2
tabela
el pizarrón
oborr shkolle
el patio de la escuela
mësues
el maestro
letër
el papel
shkruaj
escribir
stilolaps
la birome
tavolinë
el escritorio
vizore
la regla
libri
el libro
nxënës
el alumno

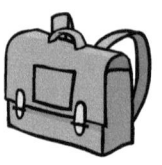

çantë

la mochila

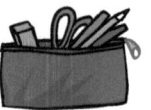

mbajtëse lapsash

la caja de lápices

laps

el lápiz

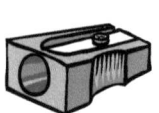

mprehës lapsash

el sacapuntas

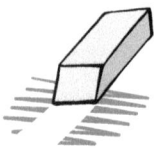

gomë

la goma (de borrar)

fletore vizatimi

el bloc de dibujo

vizatim

el dibujo

penel

el pincel

kuti bojërash

la caja de pinturas

gërshërë

la tijera

ngjitës

el pegamento

fletore detyrash

el cuaderno de ejercicios

detyrë shtëpie

la tarea

numër

el número

2+2

mbledh

sumar

5-2

zbres

restar

2×2

shumëzoj

multiplicar

llogaris

calcular

gërmë

la letra

alfabeti

el abecedario

fjalë

la palabra

tekst

el texto

lexoj

leer

shkumës

la tiza

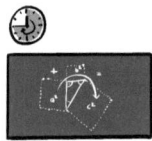

mësim

la lección

regjistër

el cuaderno de clase

provim

el examen

çertifikatë

el certificado

uniformë shkolle

el uniforme escolar

arsimim

la educación

enciklopedia

la enciclopedia

universitet

la universidad

mikroskop

el microscopio

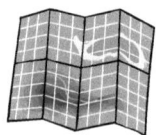

hartë

el mapa

kosh letrash

el tacho (de basura)

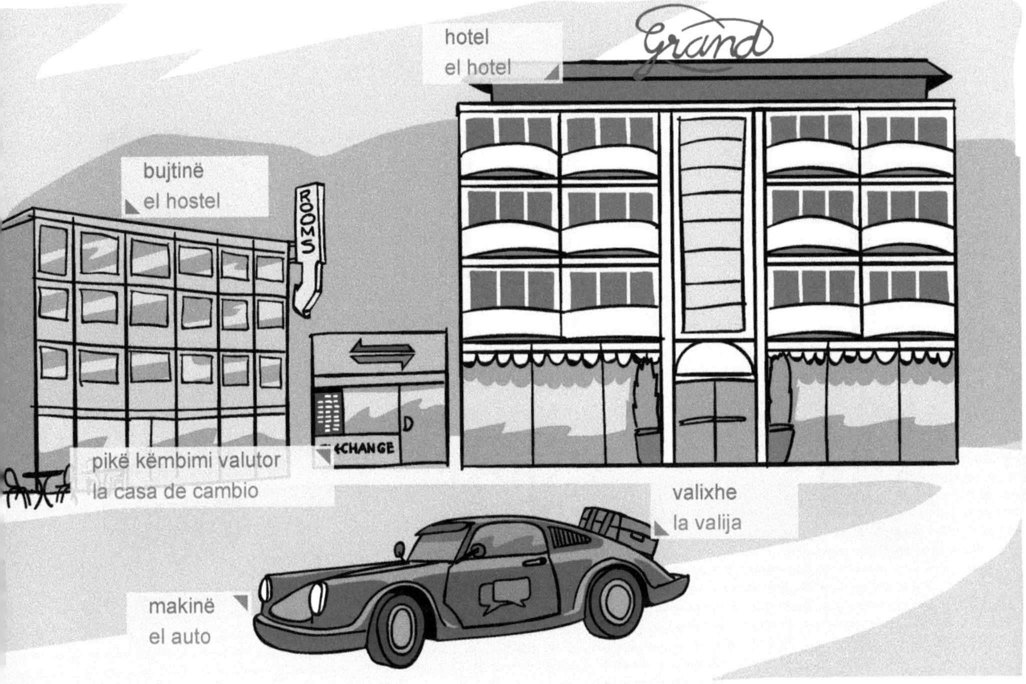

hotel
el hotel
Grand
bujtinë
el hostel
ROOMS
EXCHANGE
pikë këmbimi valutor
la casa de cambio
valixhe
la valija
makinë
el auto

gjuhë

el idioma

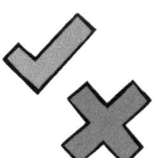

po / jo

sí / no

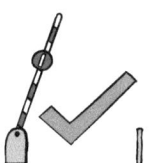

Në rregull

Está bien

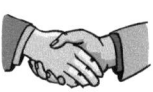

ç'kemi

hola

përkthyes

el traductor

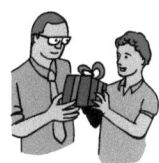

Faleminderit

Gracias

sa kushton…?

¿cuánto cuesta…?

nuk e kuptoj

No entiendo

problem

el problema

Mirëmbrëma!

¡Buenas tardes!

Mirëmëngjes!

¡Buenos días!

Natën e mirë!

¡Buenas noches!

mirupafshim

el adiós

drejtim

la dirección

bagazhet

el equipaje

çantë

el bolso

çantë shpine

la mochila

mysafir

el invitado

dhomë

la habitación

thes gjumi

la bolsa de dormir

tendë

la carpa

informacion për turistët

la información turística

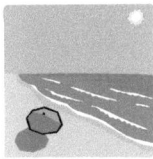

plazh

la playa

kartë krediti

la tarjeta de crédito

mëngjes

el desayuno

drekë

el almuerzo

darkë

la cena

Biletë

el pasaje

ashensor

el ascensor

pulla

el sello

kufi

la frontera

doganë

la aduana

ambasadë

la embajada

vizë

la visa

pasaportë

el pasaporte

transport
el transporte

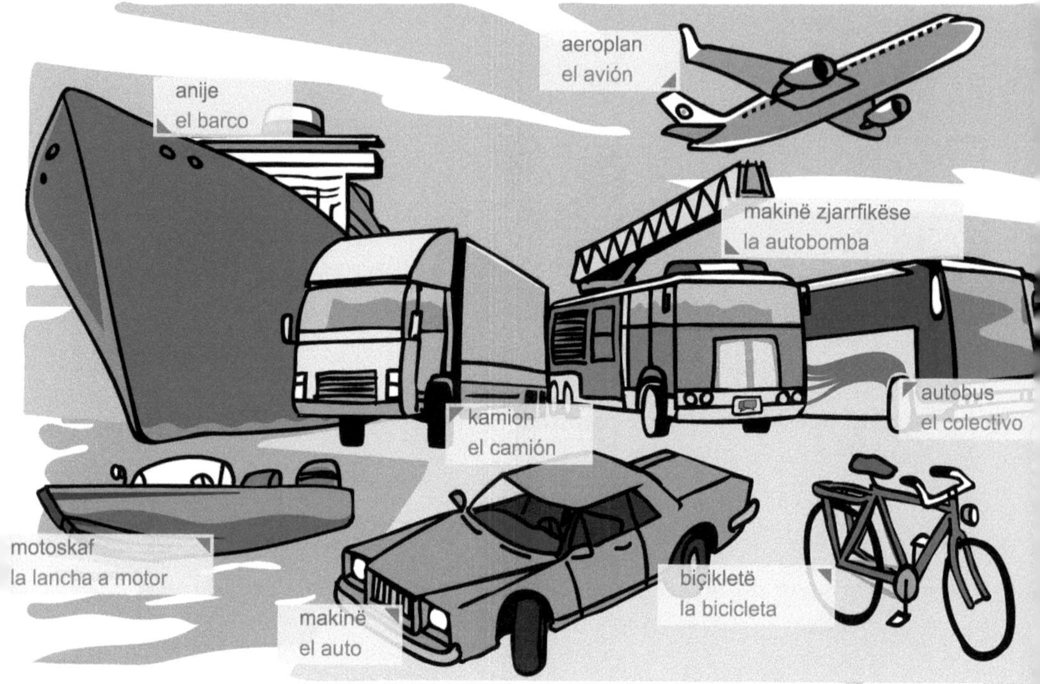

anije
el barco
aeroplan
el avión
makinë zjarrfikëse
la autobomba
autobus
el colectivo
kamion
el camión
motoskaf
la lancha a motor
biçikletë
la bicicleta
makinë
el auto

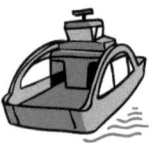

traget

el ferry

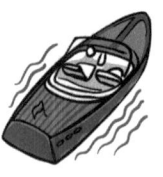

varkë

el bote

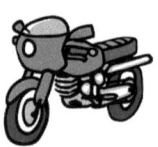

motoçikletë

la moto

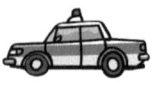

makinë policie

el patrullero

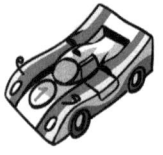

makinë garash

el auto de carreras

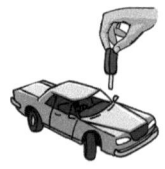

makinë me qira

el auto de alquiler

darje e qirasë së makinës

el alquiler de autos

karroatrec

la grúa

makinë plehrash

el camión de la basura

motor

el motor

benzinë

la nafta

pikë karburanti

la estación de servicio

sinjalistikë trafiku

la señal de tránsito

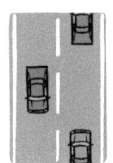

trafik

el tránsito

bllokim trafiku

el embotellamiento

parkim makinash

el estacionamiento

stacion treni

la estación de tren

trase

las vías

tren

el tren

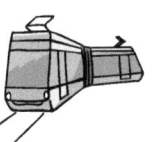

tramvaj

el tranvía

karro

el vagón

helikopter

el helicóptero

aeroport

el aeropuerto

kullë

la torre

pasagjer

el pasajero

kontenier

el contenedor

kuti kartoni

la caja de cartón

qerre

la carretilla

shportë

la canasta

ngrihem / ulem

despegar / aterrizar

qytet

la ciudad

fshat

el pueblo

qendra e qytetit

el centro de la ciudad

shtëpi

la casa

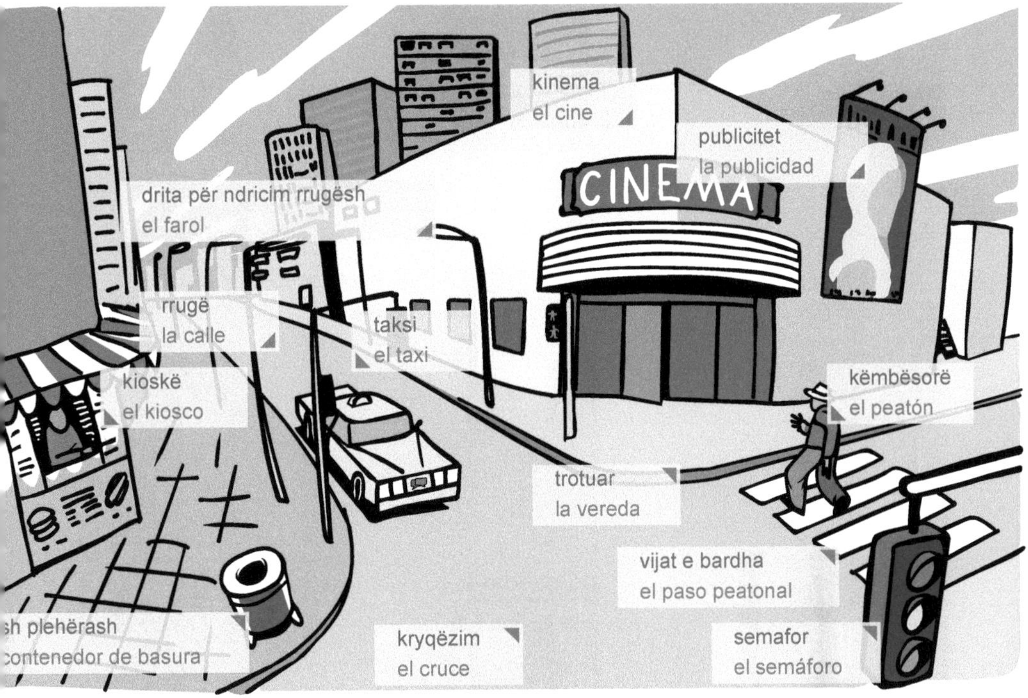
kinema
el cine
publicitet
la publicidad
CINEMA
drita për ndricim rrugësh
el farol
rrugë
la calle
taksi
el taxi
kioskë
el kiosco
këmbësorë
el peatón
trotuar
la vereda
vijat e bardha
el paso peatonal
sh plehërash
contenedor de basura
kryqëzim
el cruce
semafor
el semáforo

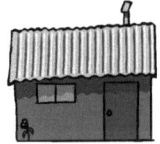

kasolle

la cabaña

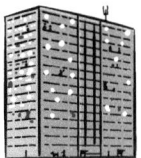

apartament

el departamento

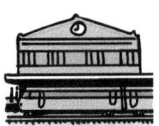

stacion treni

la estación de tren

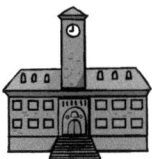

bashki

la municipalidad

MUSEUM

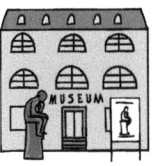

muze

el museo

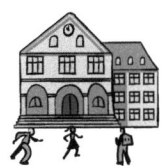

shkolla

el colegio

universitet

la universidad

bankë

el banco

spital

el hospital

hotel

el hotel

farmaci

la farmacia

zyrë

la oficina

librari

la librería

dyqan

el negocio

dyqan lulesh

la florería

supermarket

el supermercado

market

el mercado

mapo

las grandes tiendas

dyqan peshku

la pescadería

qëndër tregtare

el centro comercial

port

el puerto

park

el parque

stol

el banco

urë

el puente

shkallë

las escaleras

metro

el subte

tunel

el túnel

stacion autobuzi

la parada del colectivo

bar

el bar

restorant

el restaurante

kuti postare

el buzón

sinjalistikë rrugore

el letrero

kohëmatës parkimi

el parquímetro

kopsht zoologjik

el zoológico

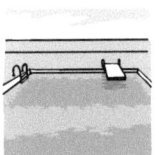

pishinë

la pileta

xhami

la mezquita

fermë
....
la granja

ndotje
....
la contaminación

varrezë
....
el cementerio

kishë
....
la iglesia

shesh lojërash
....
los juegos infantiles

tempull
....
el templo

peisazh
el paisaje

gjethe
la hoja

tabela orientuese
el poste indicador

rrugë
el camino

livadh
la pradera

gurë
la piedra

ekskursionist
el excursionista

pemë
el árbol

lumë
el río

bar
la hierba

lule
la flor

luginë
el valle

kodër
la montaña

liqen
el lago

pyll
el bosque

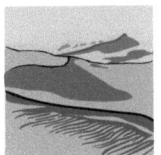

shkretëtirë
el desierto

vullkan
el volcán

kështjellë
el castillo

ylber
el arco iris

kepudhë
el champiñón

palmë
la palmera

mushkonjë
el mosquito

mizë
la mosca

milingonë
la hormiga

bletë
la abeja

merimangë
la araña

brumbull
el escarabajo

bretkosë
la rana

ketër
la ardilla

iriq
el erizo

lepur
la liebre

buf
la lechuza

zog
el pájaro

mjellmë
el cisne

derr i egër
el jabalí

dre
el ciervo

dre brilopatë
el alce

digë
la presa

turbinë ere
el aerogenerador

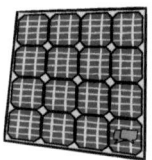

panel diellor
el panel solar

klimë
el clima

restorant
el restaurante

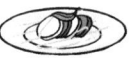

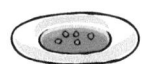

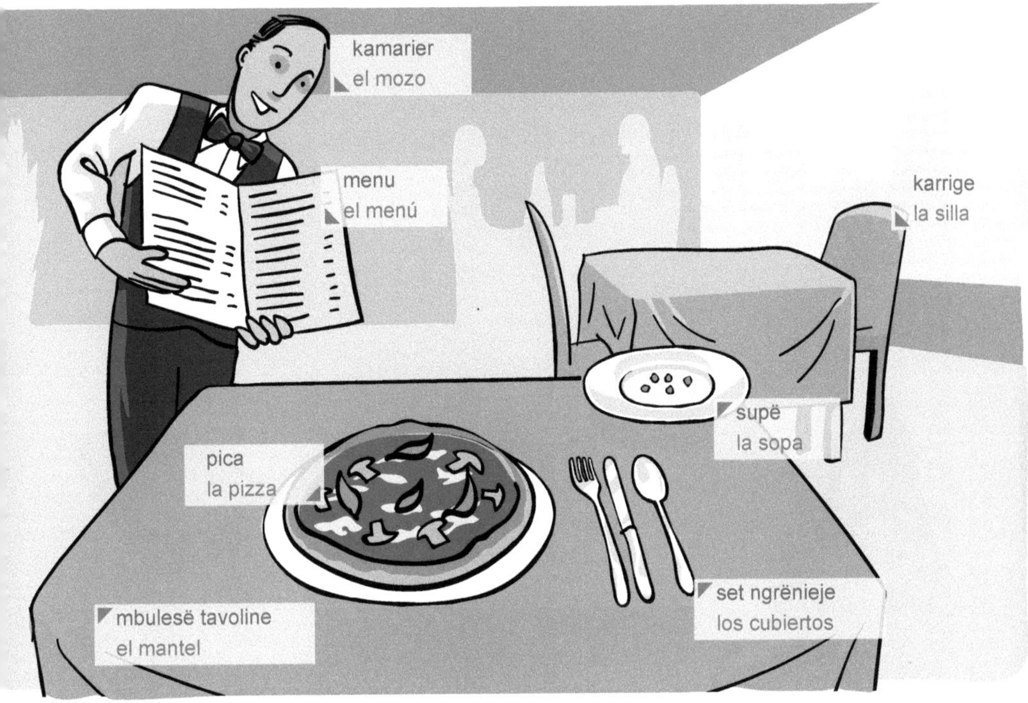
kamarier
el mozo
menu
el menú
karrige
la silla
supë
la sopa
pica
la pizza
set ngrënieje
los cubiertos
mbulesë tavoline
el mantel

pjatë e parë
la entrada

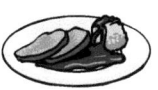

pjatë kryesore
el plato principal

ëmbëlsirë
el postre

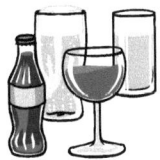

pije
las bebidas

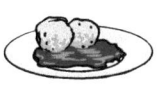

ushqim
la comida

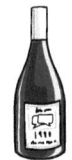

shishe
la botella

ushqim i shpejtë

la comida rápida

ushqim i shërbyer në rrugë

la comida callejera

ibrik çaji

la tetera

kuti sheqeri

la azucarera

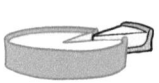

racion

la porción

makinë kafeje ekspres

la cafetera expreso

karrige e lartë

la sillita alta

faturë

la cuenta

tabaka

la bandeja

thika

el cuchillo

pirun

el tenedor

lugë

la cuchara

lugë çaji

la cucharita

pecetë

la servilleta

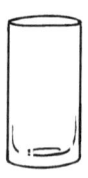

gotë

el vaso

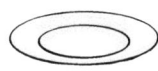

pjatë
....
el plato

pjatë supe
....
el plato hondo

pjatë filxhani
....
el plato

salcë
....
la salsa

mbajtëse kripe
....
el salero

mulli piperi
....
el molinillo de pimienta

uthull
....
el vinagre

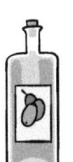

vaj
....
el aceite

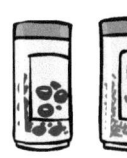

erëza
....
las especias

keçap
....
el kétchup

mustardë
....
la mostaza

majonezë
....
la mayonesa

supermarket

el supermercado

ofertë speciale
la oferta especial
FOR
klient
el cliente
produkte bulmeti
los lácteos
frut
la fruta
karrocë pazari
el changuito

BUTCHERS

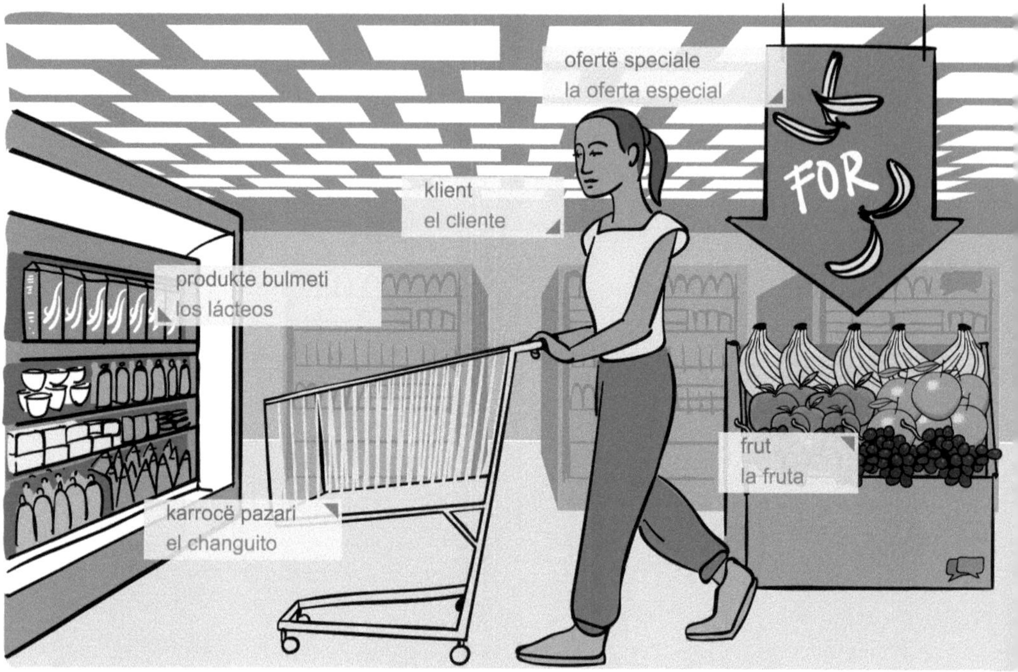

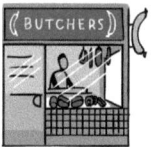

dyqan mishi

la carnicería

BAKERY

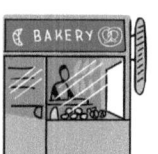

furrë buke

la panadería

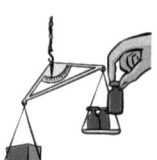

peshoj

pesar

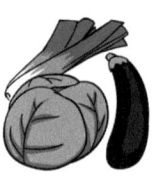

perime

las verduras

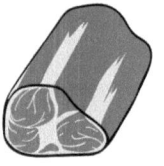

mish

la carne

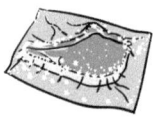

ushqim i ngrirë

los alimentos congelados

copë

los fiambres

ushqim i konservuar

los alimentos enlatados

pluhur larës

el detergente en polvo

ëmbëlsirat

las golosinas

prodhime shtëpie

los electrodomésticos

produkte pastrimi

los productos de limpieza

shitëse

la vendedora

kasë fiskale

la caja

arkëtar

el cajero

listë blerjeje

la lista de compras

oraret e punës

el horario de atención

portofol

la billetera

kartë krediti

la tarjeta de crédito

çantë

la cartera

qese plastike

la bolsa de plástico

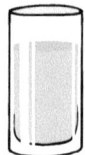

uje
....
el agua

lëng frutash
....
el jugo

qumësht
....
la leche

koka-kola
....
la bebida cola

verë
....
el vino

birrë
....
la cerveza

alkool
....
el alcohol

kakao
....
el cacao

çaj
....
el té

kafe
....
el café

kafe ekspres
....
el café expreso

kapuçino
....
el cappuccino

banane

la banana

mollë

la manzana

portokalle

la naranja

pjepër

el melón

limon

el limón

karrotë

la zanahoria

hudhër

el ajo

bambu

el bambú

qepë

la cebolla

kërpudha

el champiñón

arra

las nueces

makarona

los fideos

spageti

los tallarines

oriz

el arroz

sallatë

la ensalada

patate të skuqura

las papas fritas

patate të skuqura

las papas fritas

pica

la pizza

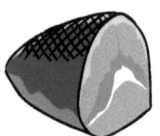

hamburger

la hamburguesa

sanduiç

el sándwich

shnicel

el churrasco

proshutë

el jamón

sallam

el salame

salçiçe

la salchicha

pulë

el pollo

skuq

el asado

peshk

el pescado

tërshërë

los copos de avena

drithëra

el muesli

kornfleiks

los copos de maíz

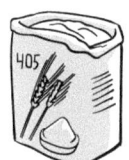

miell

la harina

kruasant

la medialuna

panine

el pancito

bukë

el pan

tost

la tostada

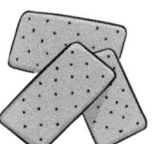

biskotë

las galletitas

gjalp

la manteca

gjizë

la cuajada

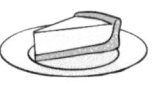

tortë

la torta

vezë

el huevo

vezë sy

el huevo frito

djathë

el queso

akullore

el helado

sheqer

el azúcar

mjaltë

la miel

marmaladë

la mermelada

çokokrem

la pasta de chocolate

këri

el curry

ushqim - la comida

fermë
la granja

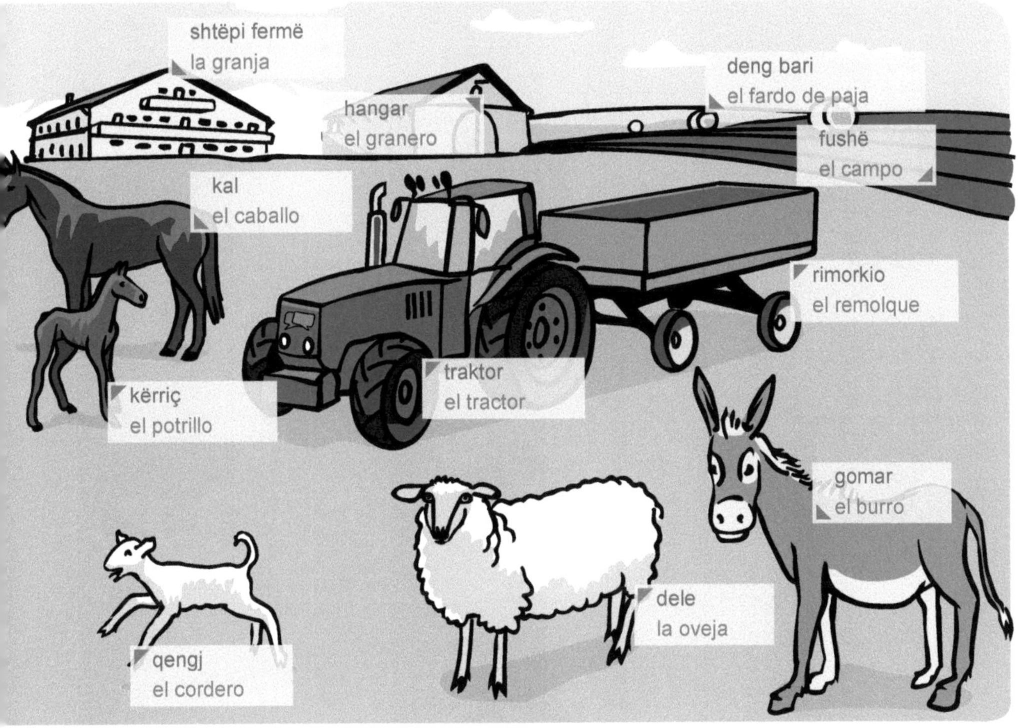
shtëpi fermë
la granja
hangar
el granero
deng bari
el fardo de paja
fushë
el campo
kal
el caballo
rimorkio
el remolque
traktor
el tractor
kërriç
el potrillo
gomar
el burro
dele
la oveja
qengj
el cordero

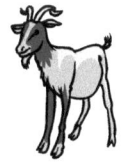

dhi

la cabra

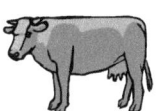

lopë

la vaca

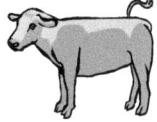

viç

el ternero

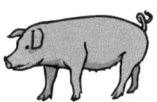

derr

el cerdo

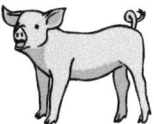

derrkuc

el lechón

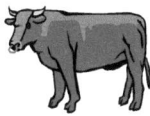

dem

el toro

patë
el ganso

rosë
el pato

zog pule
el pollo

pulë
la gallina

gjel
el gallo

mi
la rata

mace
el gato

mi
el ratón

buall
el buey

qen
el perro

kolibe qeni
la cucha

zorrë vaditëse
la manguera

vaditëse
la regadera

kosë
la guadaña

plug
el arado

drapër
la hoz

shat
la azada

kosa
la horquilla

sëpatë
el hacha

karrocë
la carretilla

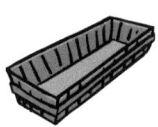

govatë
el abrevadero

bidon qumështi
la lechera

thes
la bolsa

gardh
la reja

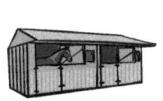

ahur
el establo

serë
el invernadero

dhe
el suelo

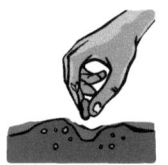

farë
la semilla

pleh
el fertilizador

autokombanjë
la cosechadora

fermë - la granja

korr

cosechar

te korrat

la cosecha

patate e ëmbël "Yam"

las batatas

grurë

el trigo

soja

la soja

patate

la papa

misër

el maíz

raps

la semilla de colza

pemë frutore

el árbol frutal

zhardhok manioku

la mandioca

drithëra

los cereales

shtëpi
la casa

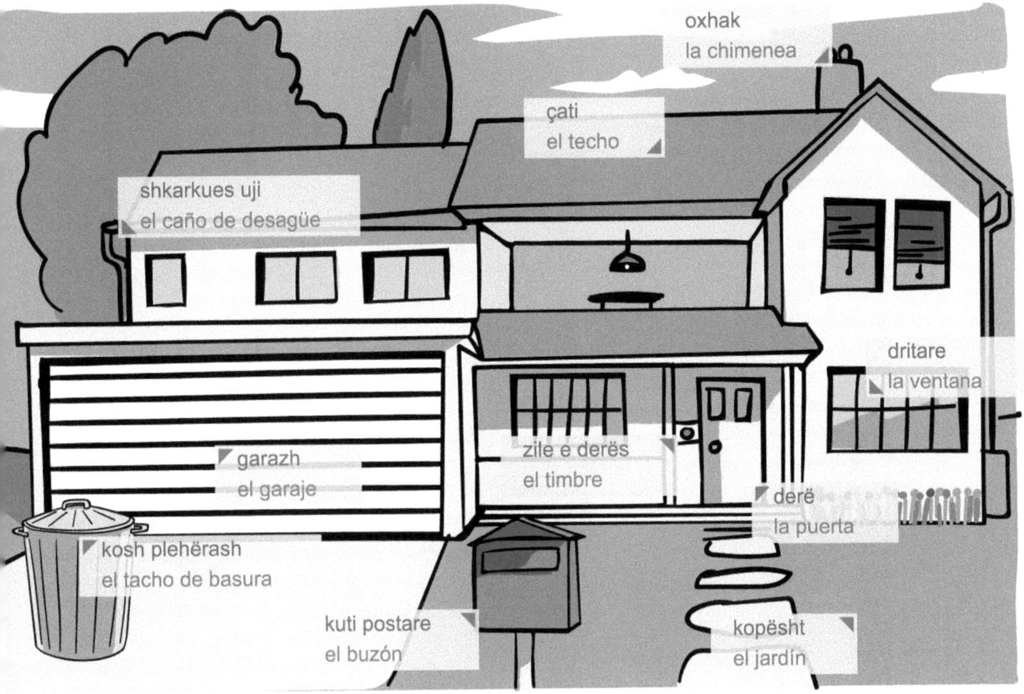
oxhak
la chimenea
çati
el techo
shkarkues uji
el caño de desagüe
dritare
la ventana
garazh
el garaje
zile e derës
el timbre
derë
la puerta
kosh plehërash
el tacho de basura
kuti postare
el buzón
kopësht
el jardín

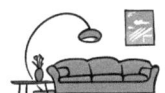

dhomë ndenjeje

el living

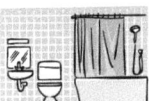

tualet

el baño

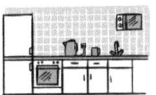

kuzhinë

la cocina

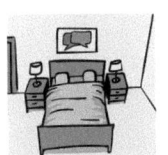

dhomë gjumi

el dormitorio

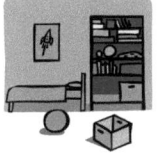

dhomë fëmijësh

el cuarto de los chicos

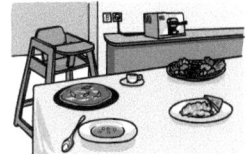

dhomë ngrënieje

el comedor

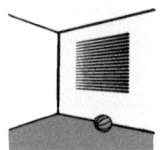

dysheme

el piso

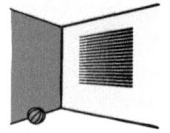

mur

la pared

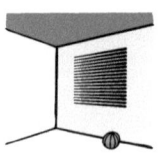

tavan

el cielorraso

bodrum

el sótano

sauna

el sauna

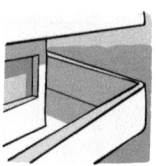

ballkon

el balcón

tarracë

la terraza

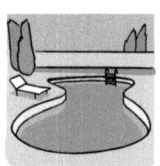

pishinë

la pileta

kositëse bari

la cortadora de pasto

çarçaf

la sábana

kuvertë

el acolchado

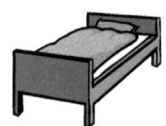

krevat

la cama

fshesë dore

la escoba

kovë

el balde

çelës

el interruptor

dhomë ndenjeje
el living

tapiceri
el empapelado
fotografi
la imagen
llambë
la lámpara
raft
el estante
dollap
el armario
pajisje televizive
la televisión
vatër
la chimenea
lule
la flor
jastëk
el almohadón
divan
el sofá
vazo
el florero
telekomandë
el control remoto

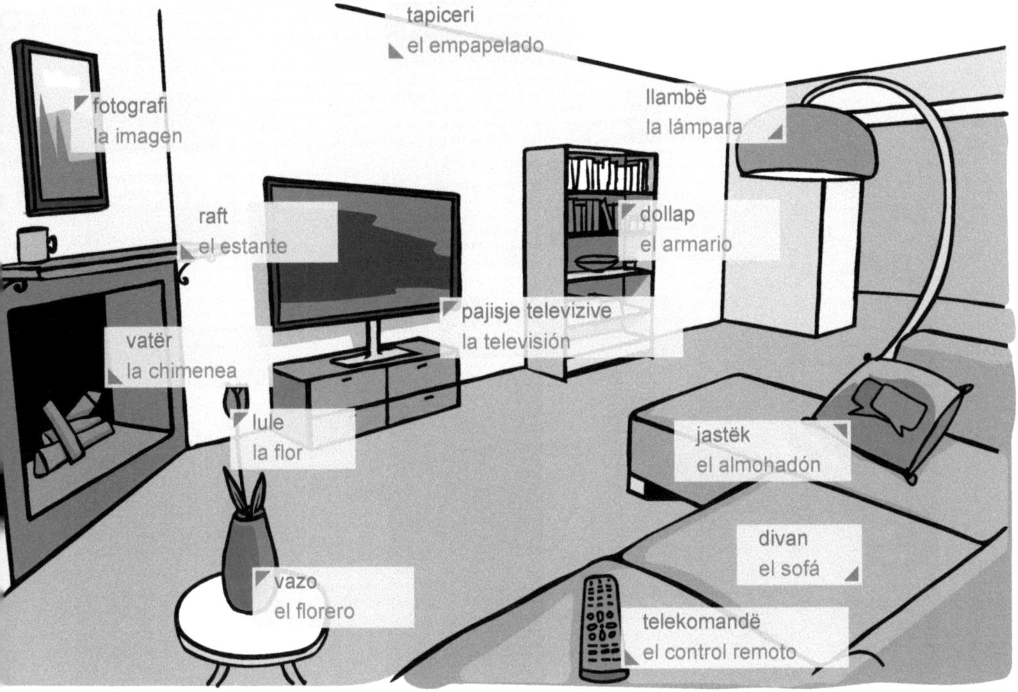

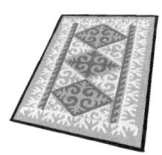

qilim

la alfombra

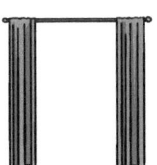

perde

la cortina

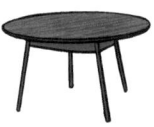

tavolinë

la mesa

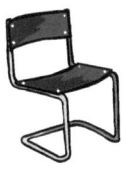

karrige

la silla

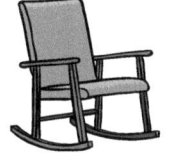

karrige lëkundëse

la mecedora

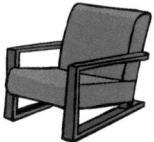

kolltuk

el sillón

libri

el libro

batanije

la frazada

zbukurime

la decoración

dru zjarri

la leña

film

la película

stereo

el equipo de música

çelës

la llave

gazetë

el diario

pikturë

la pintura

afishe

el póster

radio

la radio

bllok shënimesh

el cuaderno

fshesë me korent

la aspiradora

kaktus

el cactus

qiri

la vela

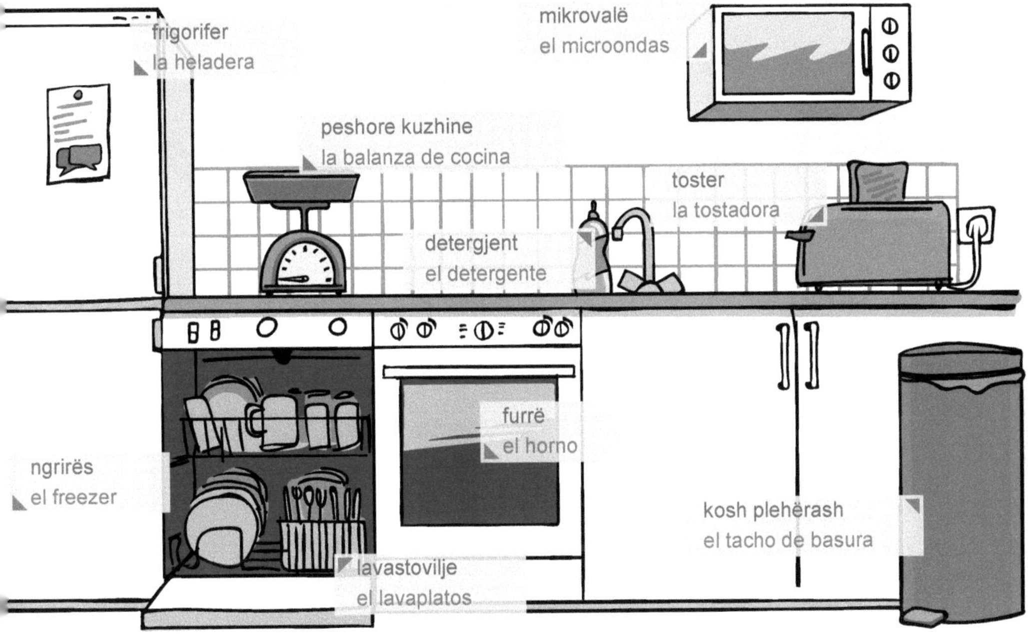

frigorifer
la heladera

mikrovalë
el microondas

peshore kuzhine
la balanza de cocina

toster
la tostadora

detergjent
el detergente

furrë
el horno

ngrirës
el freezer

kosh plehërash
el tacho de basura

lavastovilje
el lavaplatos

sobë

la cocina

tenxhere

la olla

tenxhere me kapak

la olla de hierro fundido

tigan special (Wok)

el wok

tigan

la sartén

çajnik

la pava

tenxhere me avull

la vaporera

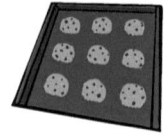

tavë pjekjeje

la bandeja de horno

enë

la vajilla

filxhan

la taza

tas

el bol

shkopinj

los palitos

garuzhde

el cucharón

spatul

la espátula

tel kuzhine

la batidora

kulluese

el colador

sitë

el colador

rende

el rallador

havan

el mortero

skarë

la parrilla

zjarr

la fogata

dërrasë për prerje

la tabla de picar

okllai

el palo de amasar

heqëse tapash

el sacacorchos

kanaçe

la lata

hapëse kanaçeje

el abrelatas

rrobë për të kapur tenxheren

la manopla

lavaman

la pileta

furçë

el cepillo

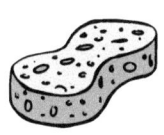

sfungjer

la esponja

përzjerës

la batidora

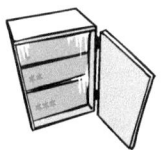

ngrirës

el congelador

biberon për lëngje

la mamadera

rubinet

la canilla

kuzhinë - la cocina

tualet
el baño

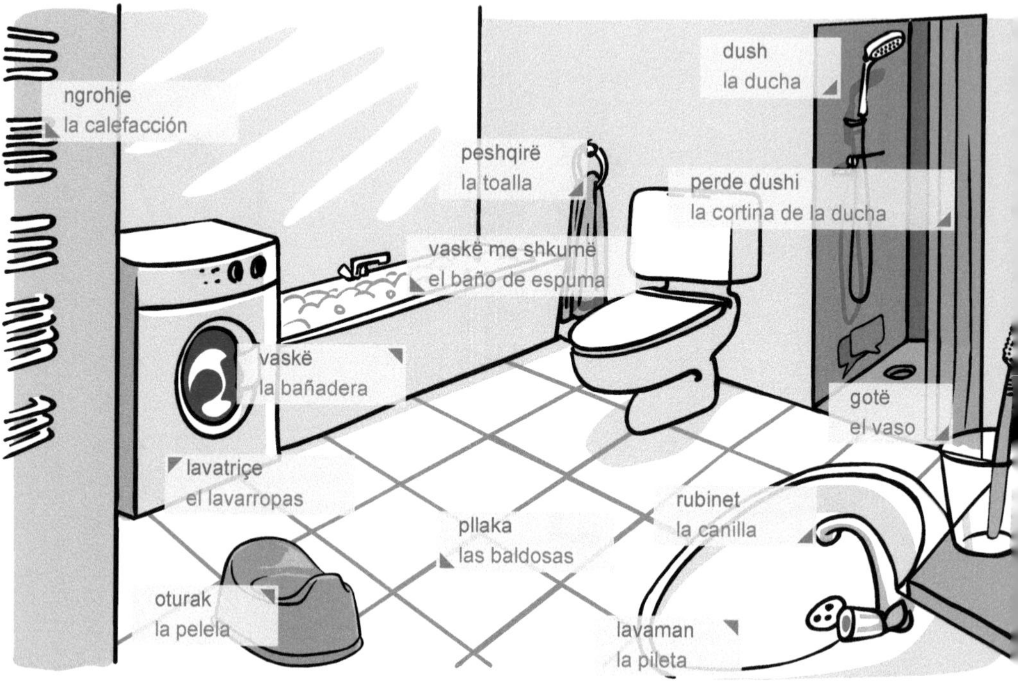

ngrohje
la calefacción
peshqirë
la toalla
dush
la ducha
perde dushi
la cortina de la ducha
vaskë me shkumë
el baño de espuma
vaskë
la bañadera
gotë
el vaso
lavatriçe
el lavarropas
rubinet
la canilla
pllaka
las baldosas
oturak
la pelela
lavaman
la pileta

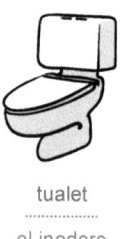

tualet

el inodoro

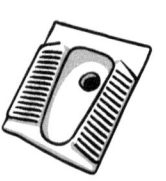

WC e sheshtë

la letrina

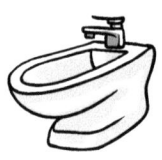

bide

el bidé

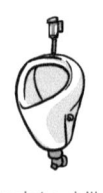

tualet publik

el mingitorio

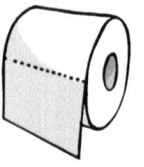

letër higjienike

el papel higiénico

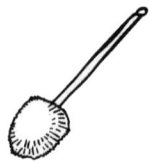

furçe për WC

el cepillo para el inodoro

furçë dhëmbësh

el cepillo de dientes

pastë dhëmbësh

el dentífrico

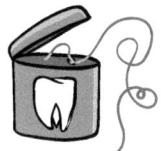

fije dentare

el hilo dental

laj

lavar

dorezë dushi

la ducha de mano

larës për zonën intime

la ducha higiénica

legen

la palangana

furçë për masazh shpine

el cepillo para la espalda

sapun

el jabón

shampo trupi

el gel de ducha

shampo

el shampoo

leckë pastruese

la toallita

kullues

el desagüe

krem

la crema

antidjersë

el desodorante

pasqyrë

el espejo

pasqyrë dore

el espejito

brisk rroje

la maquinita de afeitar

shkumë rroje

la espuma de afeitar

locion pas rrojes

el aftershave

krehër

el peine

furçë

el cepillo

tharëse flokësh

el secador de pelo

llak për flokët

el spray

grim

el maquillaje

buzëkuq

el lápiz de labios

manikyr

el esmalte para uñas

mbushje pambuku

el algodón

gërshërë për thonj

la tijera para uñas

parfum

el perfume

antë për sendet personale

el portacosméticos

Stol

la banqueta

peshore

la balanza

robëdëshambër

la bata

dorashka gome

los guantes de goma

tampon

el tampón

peceta higjienike

la toallita femenina

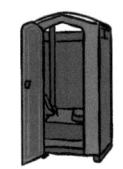

tualet I lëvizshëm

el baño químico

dhomë fëmijësh

el cuarto de los chicos

orë me zile
el despertador
lodra me pellushë
el peluche
makinë lodër
el coche de juguete
rraketake
el sonajero
shtëpi kukullash
la casa de muñecas
dhuratë
el regalo

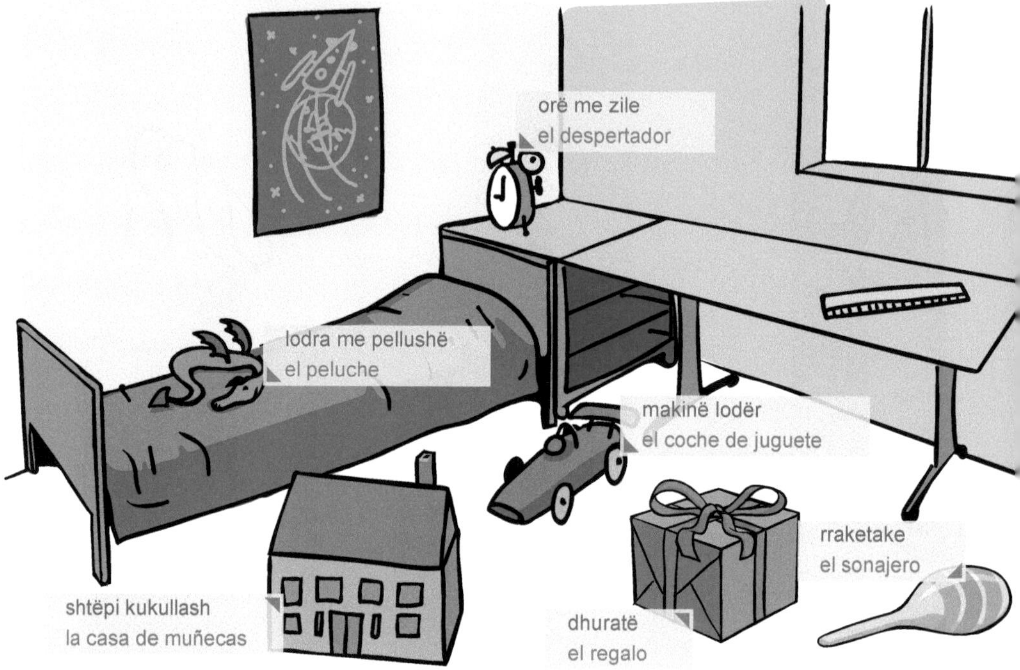

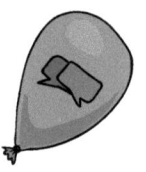

tollumbace

el globo

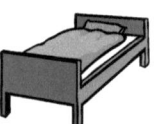

krevat

la cama

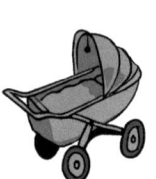

karrocë fëmijësh

el cochecito

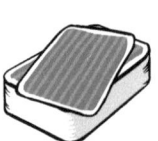

lojë me letra

las cartas

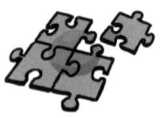

bashkim pjesësh me figura

el rompecabezas

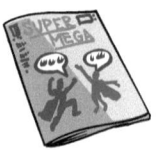

komik

la historieta

formuese lodër

las piezas de lego

kuba plastikë

los ladrillos de juguete

lodra

la figura de acción

badi

el enterito (de bebé)

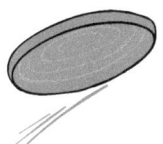

frizbi

el frisbee

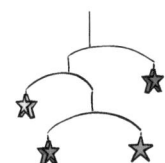

lodra të varura tek krevati i fëmijëve

el móvil para bebés

tavolinë lojërash

el juego de mesa

zare

los dados

model treni

el tren eléctrico

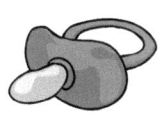

biberon

el chupete

festë

la fiesta

libër me ilustrime

el libro de cuentos ilustrado

top

la pelota

kukull

la muñeca

luaj

jugar

grumbull rëre
el arenero

kolovarëse
la hamaca

lodra
los juguetes

leva për lojra video
la consola de videojuegos

triçikël
el triciclo

arush prej pellushi
el osito de peluche

garderobë
el armario

veshje
la ropa

çorape
las medias

çorape të gjata
las medias panty

geta
las calzas

44

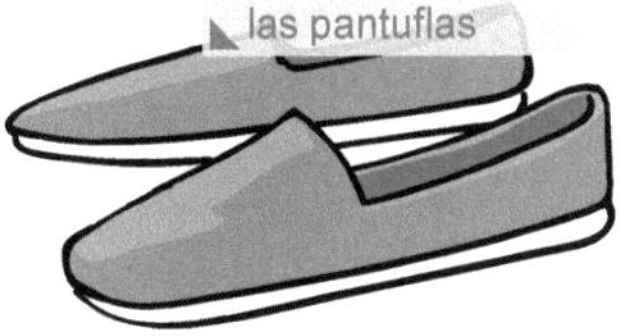

shall
la bufanda

çadër
el paraguas

bluzë pa jakë
la remera

rrip
el cinturón

çizme
las botas

pantofla
las pantuflas

atlete
las zapatillas

sandale
las sandalias

këpucë
los zapatos

çizme llastiku
las botas de goma

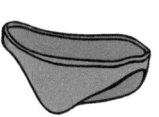

të mbathura
la ropa interior

reçipeta
el corpiño

kanotierë
el chaleco

trup
el body

pantallona
los pantalones

xhinse
los jeans

fund
la pollera

bluzë
la blusa

këmishë
la camisa

pulovër
el pulóver

triko
el buzo

xhaketë
el blazer

xhaketë
la campera

pallto
el tapado

mushama shiu
el piloto

kostum
el traje

fustan
el vestido

fustan nusërie
el vestido de novia

kostum

el traje

këmishë nate

el camisón

pizhama

el pijama

sari (veshje tradicionale indiane)

el sari

shami koke

el pañuelo para la cabeza

çallmë

el turbante

veshje për femrat e besimit musliman

la burka

kaftan (lloj veshjeje tradicionale)

el caftán

ferexhe

la abaya

kostum banje

el traje de baño

rroba banje

el short de baño

pantallona të shkurtra

los shorts

tuta sporti

el jogging

përparëse

el delantal

dorashka

los guantes

veshje - la ropa

kopsë

el botón

syze

los anteojos

byzylyk

la pulsera

gjerdan

el collar

unazë

el anillo

vath

el aro

kapuç

la gorra

varëse për pallto

la percha

kapele

el sombrero

kravatë

la corbata

zinxhir

el cierre

helmetë

el casco

tiranda

los tiradores

uniformë shkolle

el uniforme escolar

uniformë

el uniforme

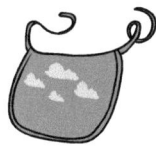

gushore

el babero

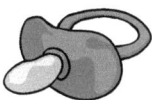

biberon

el chupete

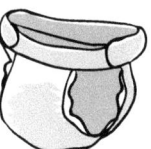

pelenë

el pañal

zyrë

la oficina

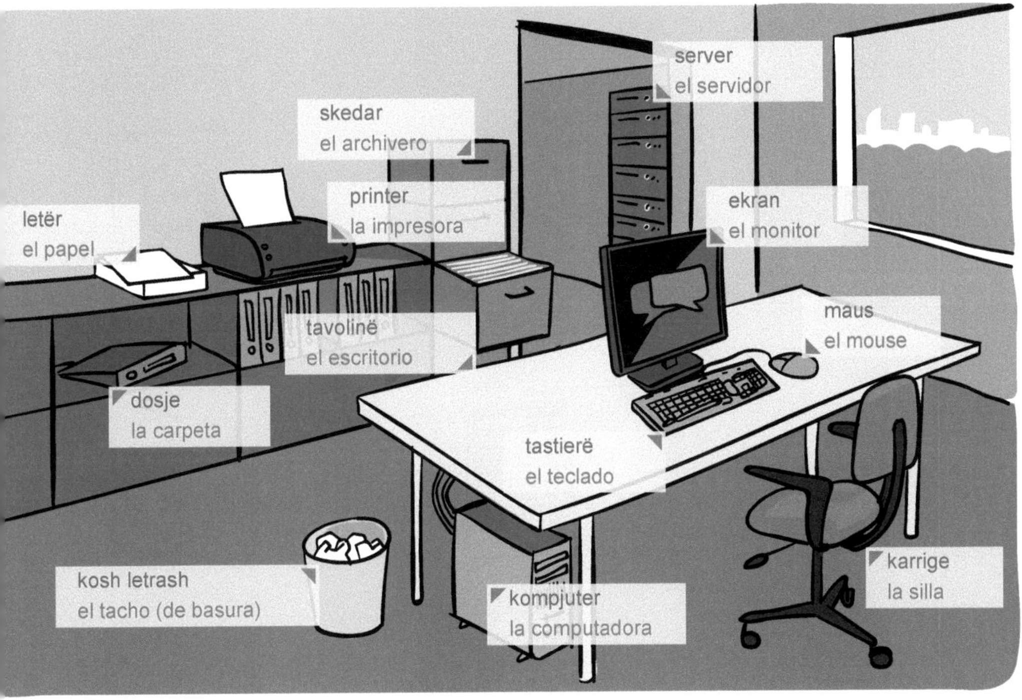
server
el servidor
skedar
el archivero
printer
la impresora
letër
el papel
ekran
el monitor
maus
el mouse
tavolinë
el escritorio
dosje
la carpeta
tastierë
el teclado
karrige
la silla
kosh letrash
el tacho (de basura)
kompjuter
la computadora

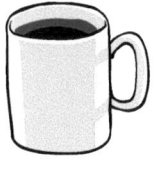

filxhan kafeje

la taza de café

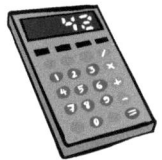

makinë llogaritëse

la calculadora

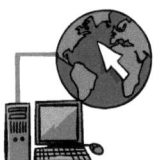

internet

el internet

kompjuter portativ
....
la laptop

letër
....
la carta

mesazh
....
el mensaje

telefon
....
el celular

rrjet
....
la red

fotokopje
....
la fotocopiadora

program
....
el software

telefon
....
el teléfono

prizë
....
el tomacorriente

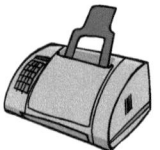

pajisje faksi
....
el fax

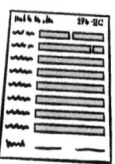

formular
....
el formulario

dokument
....
el documento

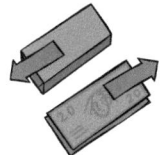

blej

comprar

paguaj

pagar

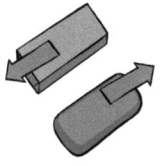

tregtoj

hacer negocios

para

el dinero

dollar

el dólar

euro

el euro

jen

el yen

rubla

el rublo

franga zvicerane

el franco suizo

juani kinez

el yuan

rupje

la rupia

bankomat

el cajero automático

pikë këmbimi valutor

la casa de cambio

ar

el oro

argjend

la plata

nafta

el petróleo

energji

la energía

çmim

el precio

kontratë

el contrato

taksë

el impuesto

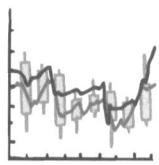

aksione

la acción

punoj

trabajar

punonjës

el empleado

punëdhënës

el empleador

fabrikë

la fábrica

dyqan

el negocio

profesionet
las ocupaciones

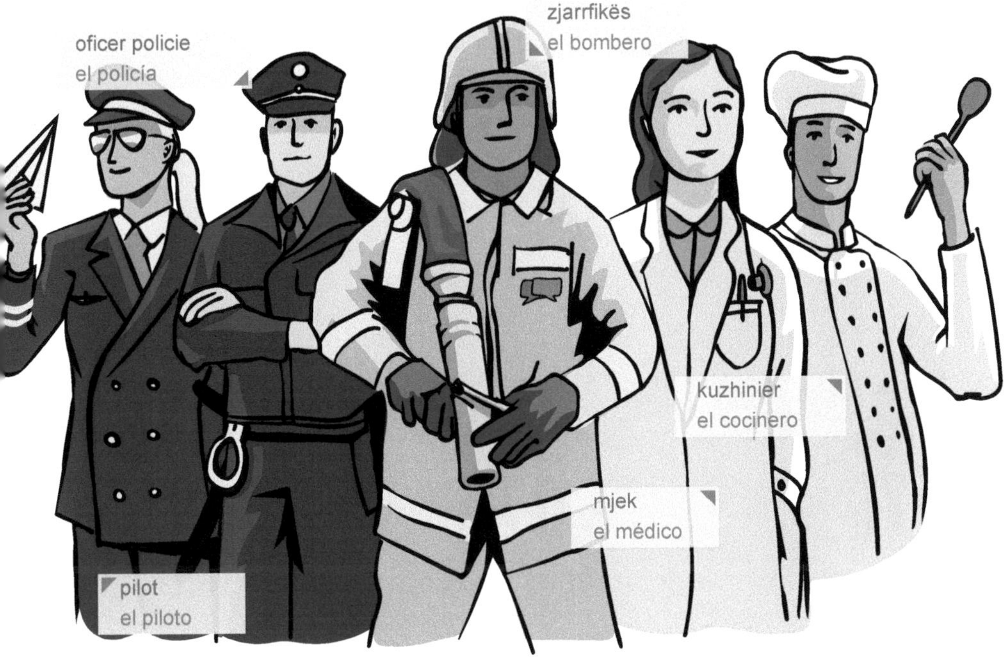

zjarrfikës
el bombero
oficer policie
el policía
kuzhinier
el cocinero
mjek
el médico
pilot
el piloto

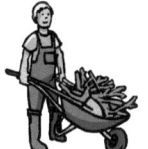

kopshtar

el jardinero

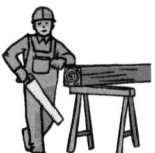

marangoz

el carpintero

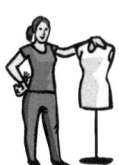

rrobaqepëse

la modista

gjykatës

el juez

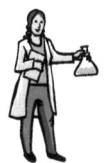

kimist

el farmacéutico

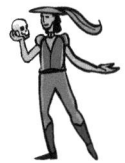

aktor

el actor

shofer autobuzi

el colectivero

taksist

el taxista

peshkatar

el pescador

pastruese

la mucama

riparues çatish

el techista

kamarier

el mozo

gjuetar

el cazador

piktor

el pintor

furrxhi

el panadero

elektriçist

el electricista

ndërtues

el albañil

inxhinier

el ingeniero

kasap

el carnicero

hidraulik

el plomero

postieri

el cartero

ushtar

el soldado

arkitekt

el arquitecto

arkëtar

el cajero

luleshitës

el florista

berber

el peluquero

kontrollor

el cobrador

mekanik

el mecánico

kapiten

el capitán

dentist

el dentista

shkencëtar

el científico

rabin

el rabino

imam

el imán

murg

el monje

klerik

el sacerdote

las herramientas

çekiç
el martillo

pinca
la tenaza

kaçavidë
el destornillador

çelës mekanik
la llave

elektrik dore
la linterna

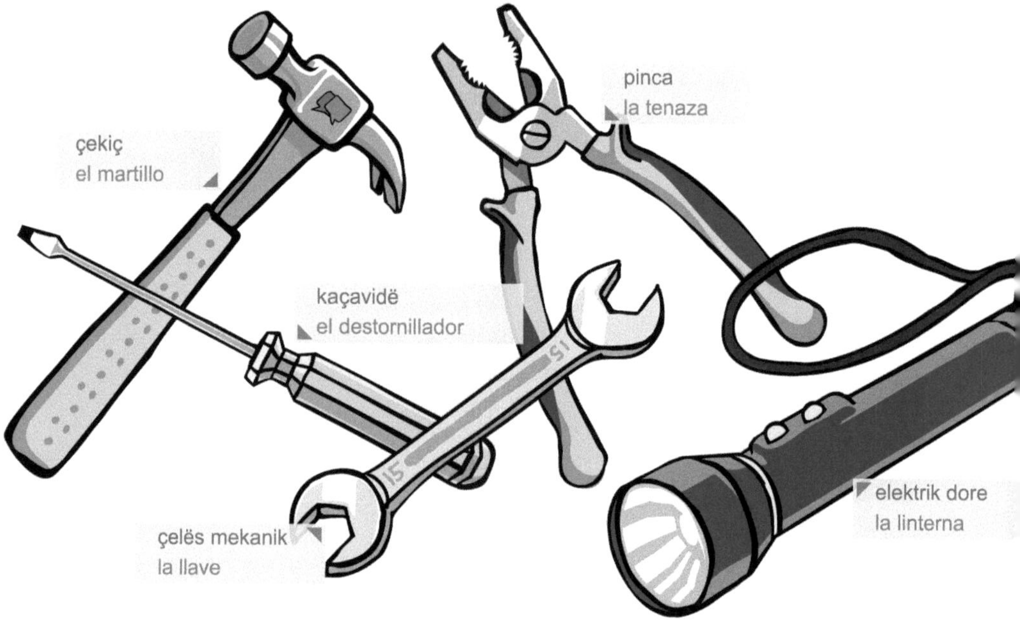

ekskavator
la excavadora

kuti veglash
la caja de herramientas

shkallë
la escalera portátil

sharrë
la sierra

gozhdë
los clavos

trapan
el taladro

riparoj

arreglar

lopatë

la pala de jardín

Dreq!

¡Qué bronca!

kaci

la pala de plástico

kuti boje

el tacho de pintura

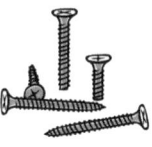

vidhë

los tornillos

instrumenta muzikorë

los instrumentos musicales

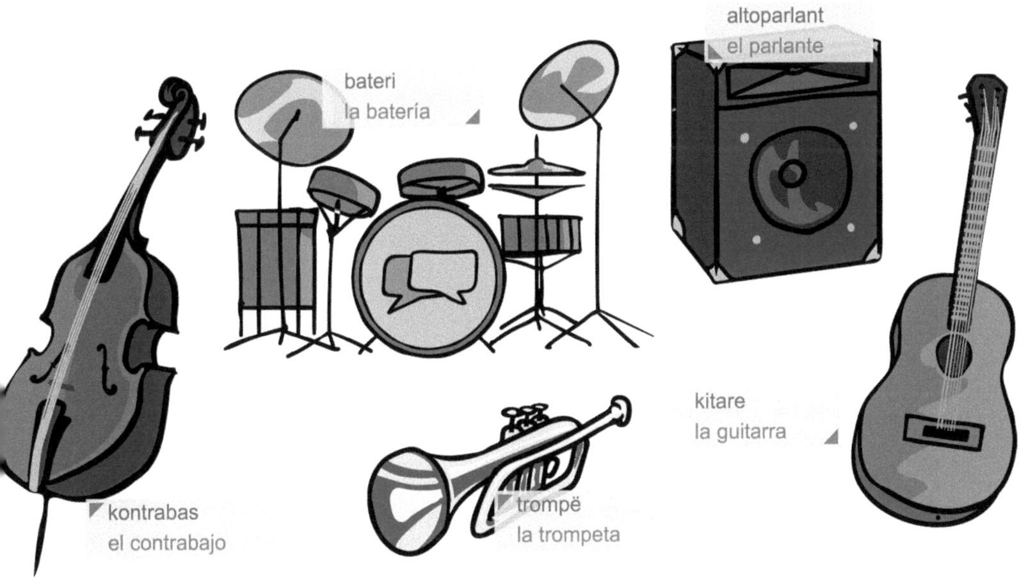

altoparlant
el parlante

bateri
la batería

kitare
la guitarra

kontrabas
el contrabajo

trompë
la trompeta

piano
el piano

violinë
el violín

bas
el bajo

tamburë
los timbales

daulle
el tambor

tastierë pianoje
el teclado

saksofon
el saxofón

flaut
la flauta

mikrofon
el micrófono

kopsht zoologjik
el zoológico

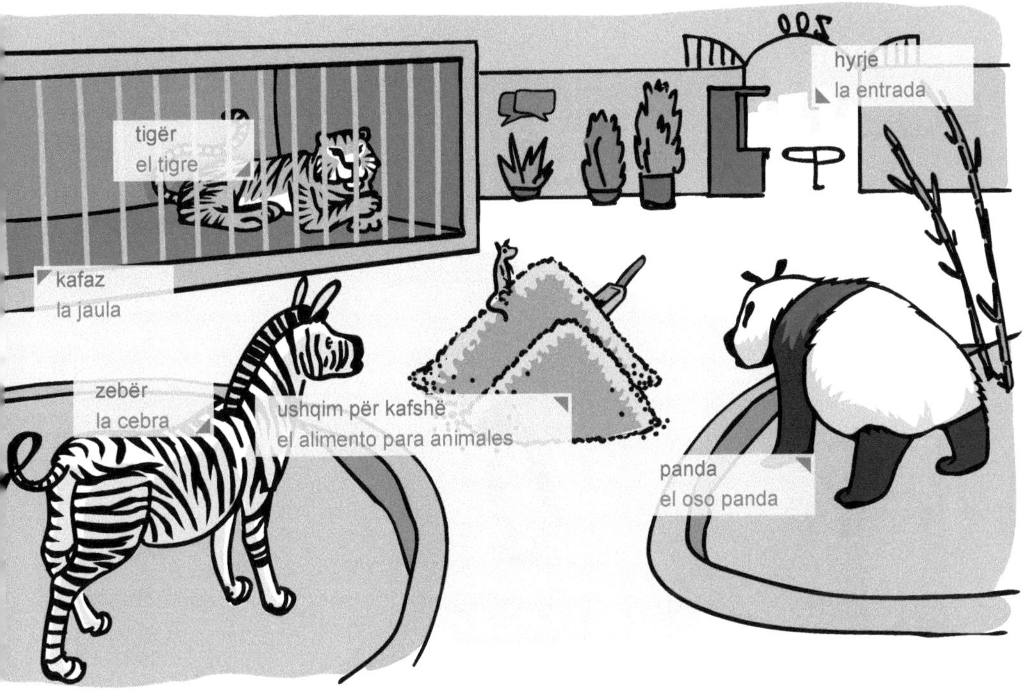

hyrje
la entrada
tigër
el tigre
kafaz
la jaula
zebër
la cebra
ushqim për kafshë
el alimento para animales
panda
el oso panda

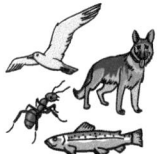

kafshë

los animales

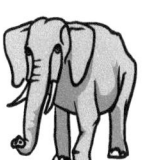

elefant

el elefante

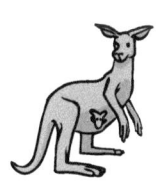

kangur

el canguro

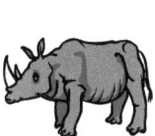

rinoceront

el rinoceronte

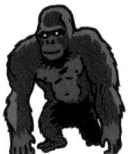

gorillë

el gorila

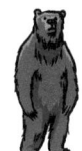

ari

el oso

deve

el camello

struc

el avestruz

luan

el león

majmun

el mono

flamingo

el flamenco

papagall

el loro

ari polar

el oso polar

pinguin

el pingüino

peshkaqen

el tiburón

pallua

el pavo real

gjarpër

la serpiente

krokodil

el cocodrilo

punonjës i kopshtit zoologjik

el cuidador del zoológico

fokë

la foca

xhaguar

el jaguar

poni
el poni

leopard
el leopardo

hipopotam
el hipopótamo

gjirafë
la jirafa

shqiponjë
el águila

derr i egër
el jabalí

peshk
el pescado

breshkë
la tortuga

lopë deti
la morsa

dhelpër
el zorro

gazelë
la gacela

futboll amerikan
el fútbol americano

çiklizëm
el ciclismo

tenis
el tenis

basketboll
el básquet

not
la natación

hokej mbi akull
el hockey sobre hielo

boks
el boxeo

futboll
el fútbol

badminton
el bádminton

atletikë
el atletismo

hendboll
el handball

ski
el esquí

polo
el polo

aktivitet
las actividades

qesh
reír
hidhem
saltar
përqafoj
abrazar
eci
caminar
këndoj
cantar
ëndërroj
soñar
lutem
rezar
puth
besar

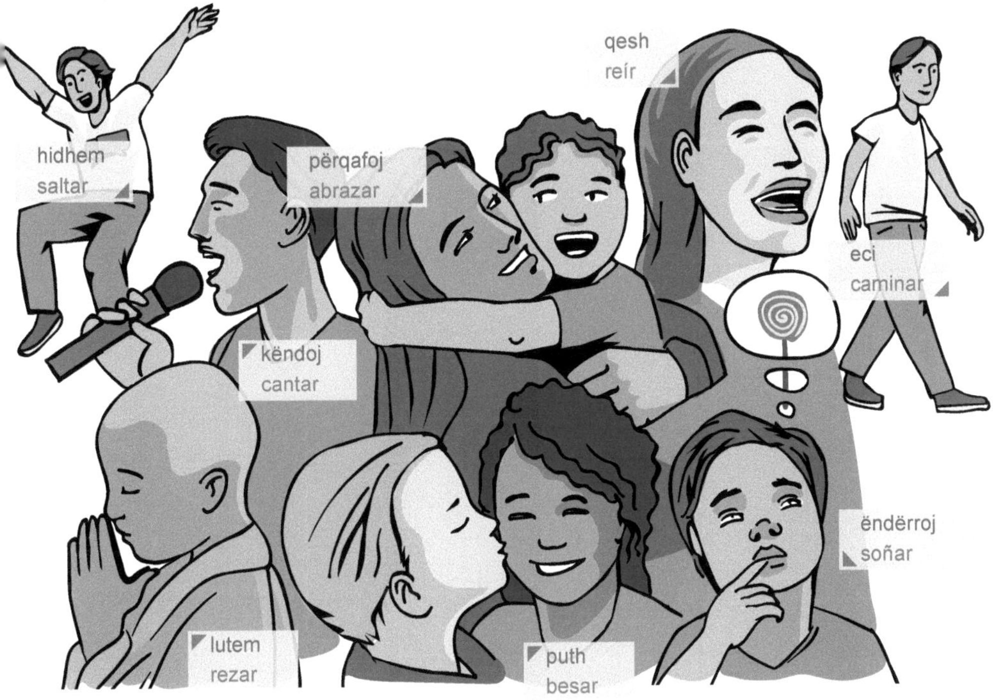

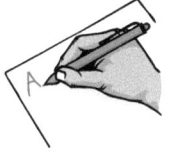

shkruaj
escribir

vizatoj
dibujar

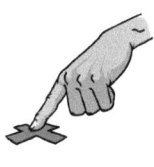

tregoj
mostrar

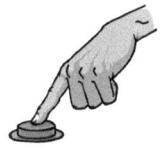

shtyj
presionar

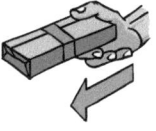

jap
dar

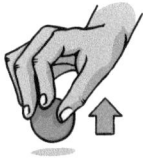

marr
tomar

kam

tener

bëj

hacer

jam

ser

qëndroj

estar parado

vrapoj

correr

tërheq

tirar

hedh

tirar

bie

caer

shtrihem

estar acostado

pres

esperar

mbaj

llevar

ulem

estar sentado

vishem

vestirse

fle

dormir

zgjohem

despertar

aktivitet - las actividades

shikoj
mirar

qaj
llorar

përkëdhel
acariciar

kreh
peinar

bisedoj
hablar

kuptoj
entender

kërkoj
preguntar

dëgjoj
escuchar

pi
beber

ha
comer

sistemoj
ordenar

dashuroj
amar

gatuaj
cocinar

drejtoj makinën
manejar

fluturoj
volar

lundroj

navegar

llogaris

calcular

lexoj

leer

mësoj

aprender

punoj

trabajar

martohem

casarse

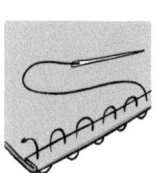

qep

coser

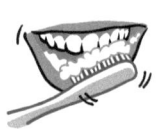

laj dhëmbët

cepillarse los dientes

vras

matar

tymos

fumar

dërgoj

enviar

aktivitet - las actividades

familje
la familia

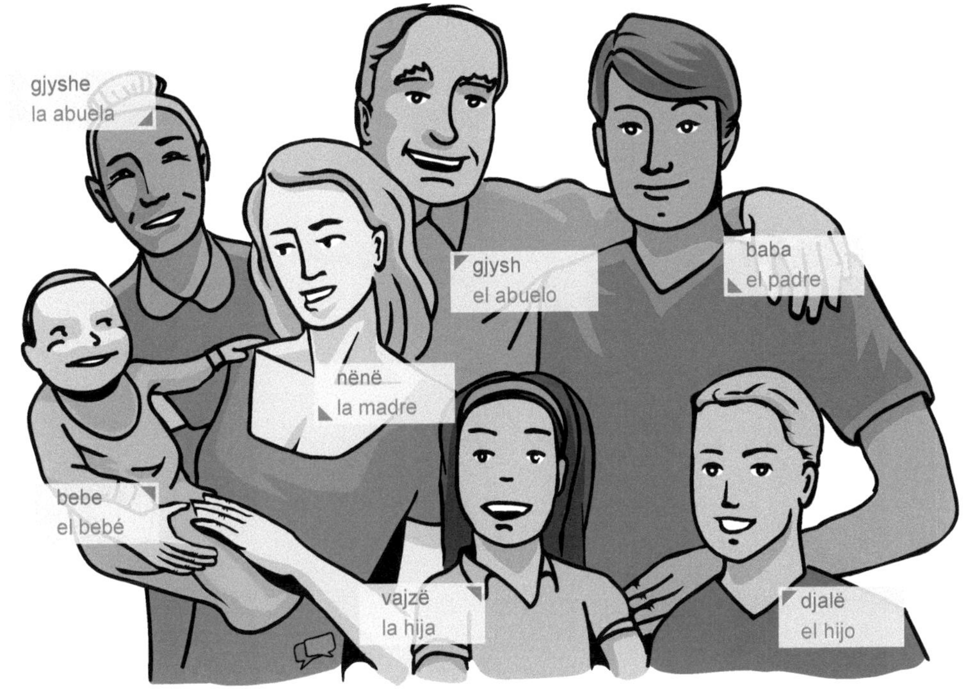
gjyshe
la abuela
gjysh
el abuelo
baba
el padre
nënë
la madre
bebe
el bebé
vajzë
la hija
djalë
el hijo

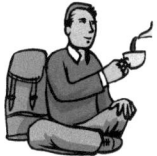

mysafir

el invitado

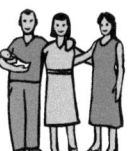

teze, hallë

la tía

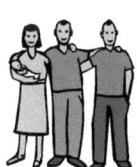

dajë, xhaxha

el tío

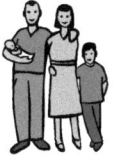

vëlla

el hermano

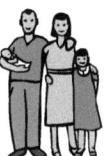

motër

la hermana

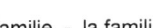

trupi
el cuerpo

balli
la frente
syri
el ojo
shpatulla
el hombro
gishti
el dedo
fytyra
la cara
mjekra
la pera
dora
la mano
krahërori
el pecho
këmba
la pierna
krahu
el brazo

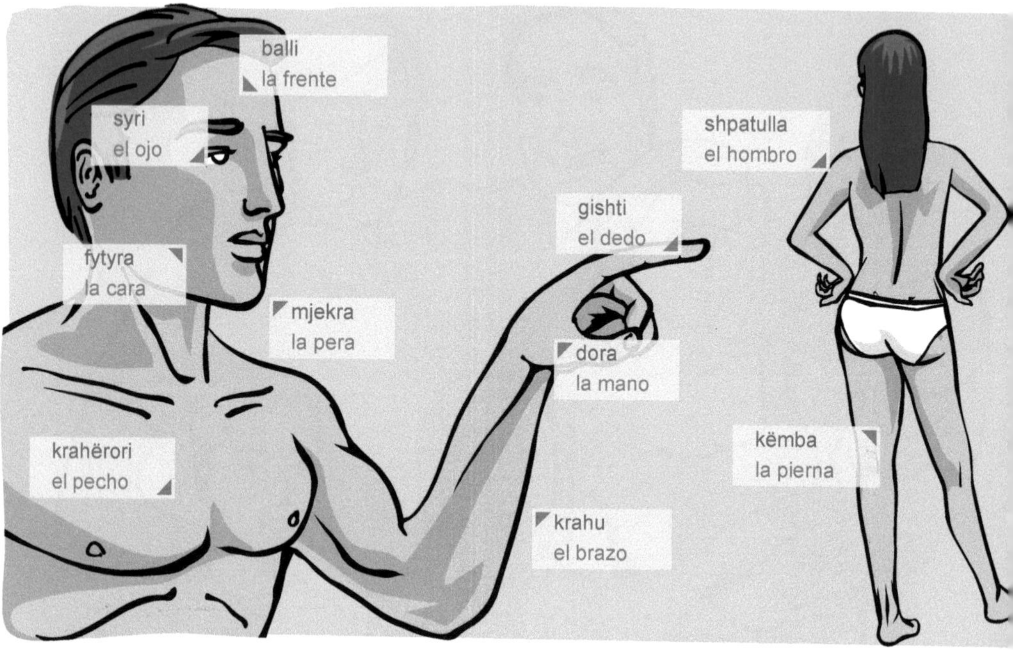

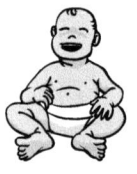

bebe
el bebé

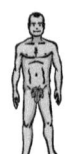

burrë
el hombre

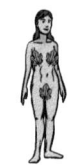

grua
la mujer

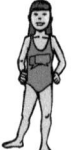

vajzë
la nena

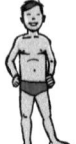

djalë
el nene

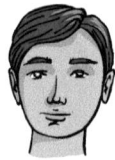

koka
la cabeza

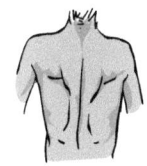

shpina

la espalda

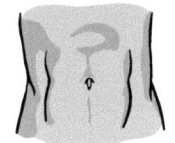

barku

la panza

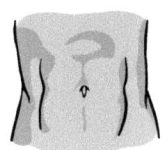

kërthiza

el ombligo

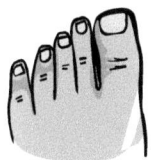

gisht këmbe

el dedo del pie

Thembra

el talón

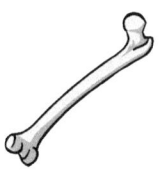

kockë

el hueso

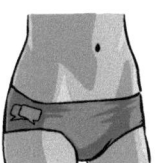

legeni

la cadera

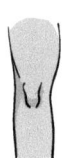

gjuri

la rodilla

bërryli

el codo

hunda

la nariz

vithe

la cola

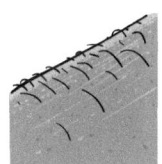

lëkura

la piel

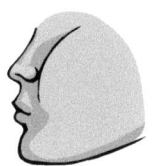

faqja

el cachete

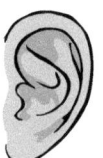

veshi

la oreja

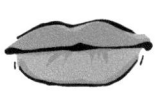

buza

el labio

goja

la boca

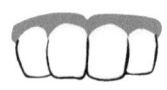

dhëmbët

el diente

gjuha

la lengua

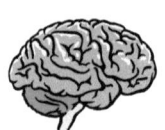

truri

el cerebro

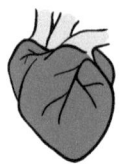

zemra

el corazón

muskul

el músculo

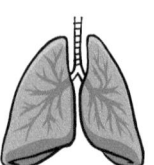

mushkëria

el pulmón

mëlçia

el hígado

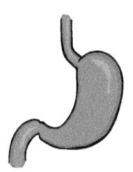

stomaku

el estómago

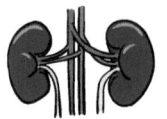

veshka

los riñones

seks

el sexo

prezervativ

el preservativo

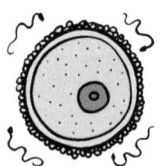

veza

el óvulo

sperma

el semen

shtatëzani

el embarazo

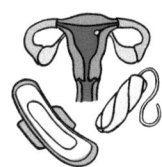

menstruacione

la menstruación

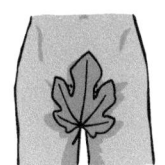

vagina

la vagina

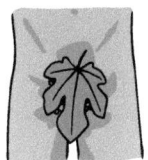

penis

el pene

vetulla

la ceja

flokët

el pelo

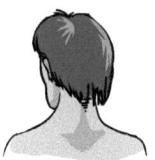

qafa

el cuello

spital
el hospital

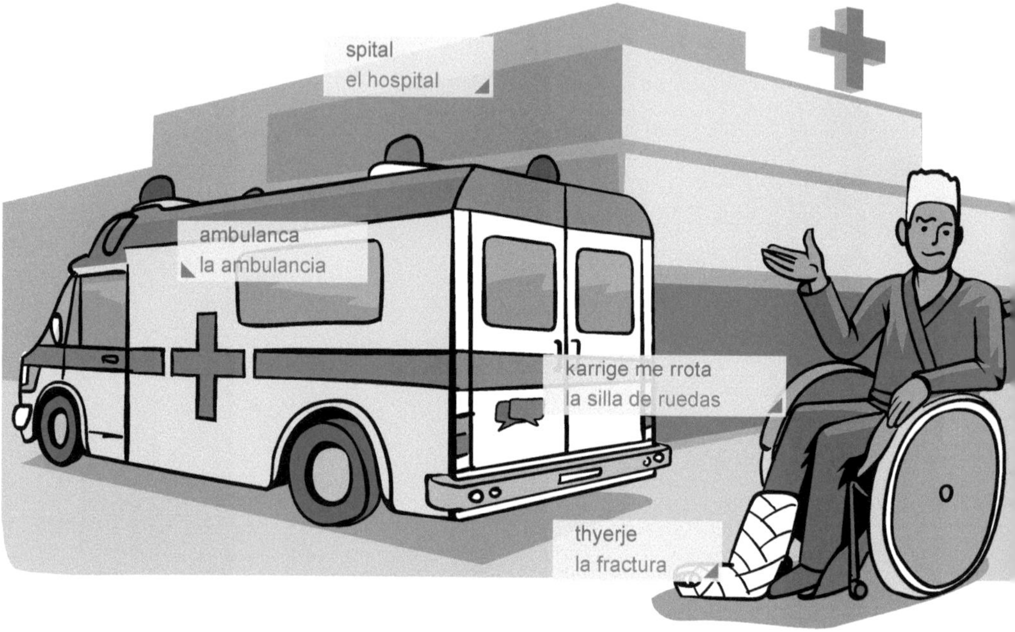

spital
el hospital
ambulanca
la ambulancia
karrige me rrota
la silla de ruedas
thyerje
la fractura

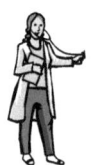

mjek

el médico

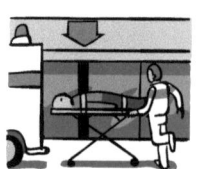

sallë urgjencash

la sala de guardia

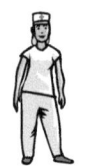

infermiere

la enfermera

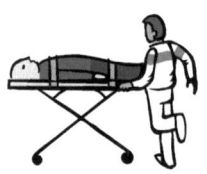

emergjencë

la emergencia

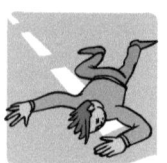

i pandërgjegjshëm

inconsciente

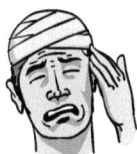

dhimbje

el dolor

dëmtim

la lesión

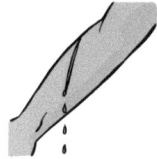

gjakosje

la hemorragia

infarkt

el infarto

goditje

el ACV

alergji

la alergia

kolla

la tos

ethe

la fiebre

grip

la gripe

diarre

la diarrea

dhimbje koke

el dolor de cabeza

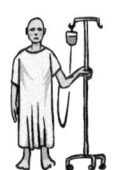

kancer

el cáncer

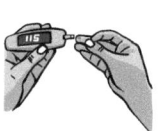

diabet

la diabetes

kirurg

el cirujano

bisturi

el bisturí

operacion

la operación

CT (skaner)
la TC

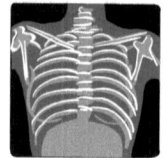

radiografi
los rayos x

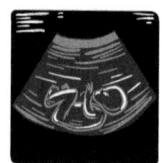

ultratingull
la ecografía

maskë fytyre
el barbijo

sëmundje
la enfermedad

dhomë pritjeje
la sala de espera

paterica
la muleta

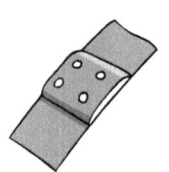

leukoplast
la curita

fasho
la venda

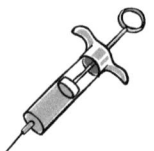

injeksion
la inyección

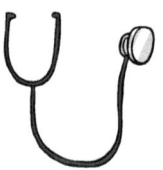

stetoskop
el estetoscopio

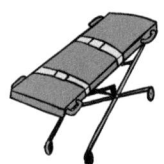

barelë
la camilla

termometër
el termómetro

lindje
el nacimiento

mbipeshë
el sobrepeso

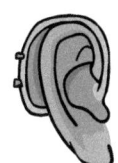

aparat dëgjimi

el audífono

dezinfektant

el desinfectante

infeksion

la infección

virus

el virus

HIV / AIDS

el VIH / SIDA

mjekësi, mjekim

el remedio

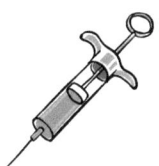

vaksinim

la vacunación

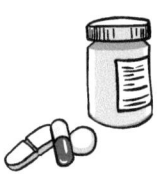

tableta

los comprimidos

pilulë

la pastilla anticonceptiva

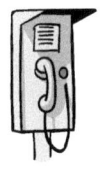

telefonatë emergjence

a llamada de emergencia

aparat tensioni

el tensiómetro

i sëmurë / i shëndetshëm

enfermo / sano

Ndihmë!

¡Ayuda!

alarm

la alarma

sulm

la agresión

atak

el ataque

rrezik

el peligro

dalje emergjence

la salida de emergencia

Zjarr!

¡Fuego!

fikëse zjarri

el matafuego

aksident

el accidente

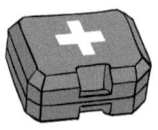

kuti e ndimës së shpejtë

el botiquín de primeros
auxilios

SOS

el SOS

policia

la policía

Europa
Europa

Amerika e Veriut
América del Norte

Amerika e Jugut
América del Sur

Afrika
África

Azia
Asia

Australia
Australia

Atlantiku
el Atlántico

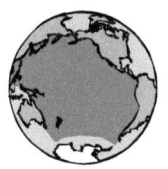

Paqësori
el Pacífico

Oqeani Indian
el Océano Índico

Oqeani Antarktik
el Océano Antártico

Oqeani Arktik
el Océano Ártico

Poli i veriut
el polo norte

Poli i Jugut

el polo sur

Antarktida

la Antártida

toka

la Tierra

tokë

la tierra

det

el mar

ishull

la isla

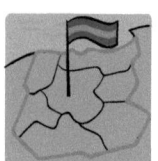

komb

la nación

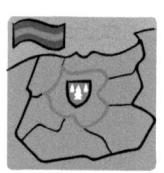

shtet

el estado

fusha e orës
la esfera

akrepi i orës
la manecilla de las horas

akrepi i minutave
el minutero

akrepi i sekondave
el segundero

Sa është ora?
¿Qué hora es?

ditë
el día

kohë
la hora

tani
ahora

orë dixhitale
el reloj digital

minutë
el minuto

orë
la hora

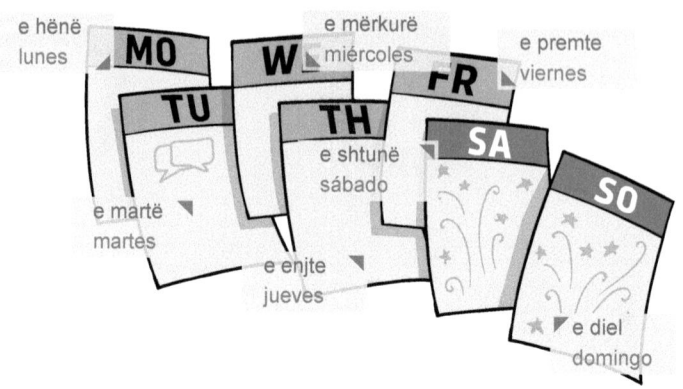

e hënë
lunes

e mërkurë
miércoles

e premte
viernes

e shtunë
sábado

e martë
martes

e enjte
jueves

e diel
domingo

dje
....
ayer

sot
....
hoy

nesër
....
mañana

mëngjes
....
la mañana

mesditë
....
el mediodía

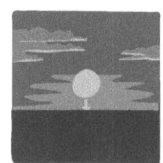

mbrëmje
....
la tarde

MO	TU	WE	TH	FR	SA	SU
1	2	3	4	5	6	7
8	9	10	11	12	13	14
15	16	17	18	19	20	21
22	23	24	25	26	27	28
29	30	31	1	2	3	4

ditë pune
....
los días hábiles

MO	TU	WE	TH	FR	SA	SU
1	2	3	4	5	6	7
8	9	10	11	12	13	14
15	16	17	18	19	20	21
22	23	24	25	26	27	28
29	30	31	1	2	3	4

fundjavë
....
el fin de semana

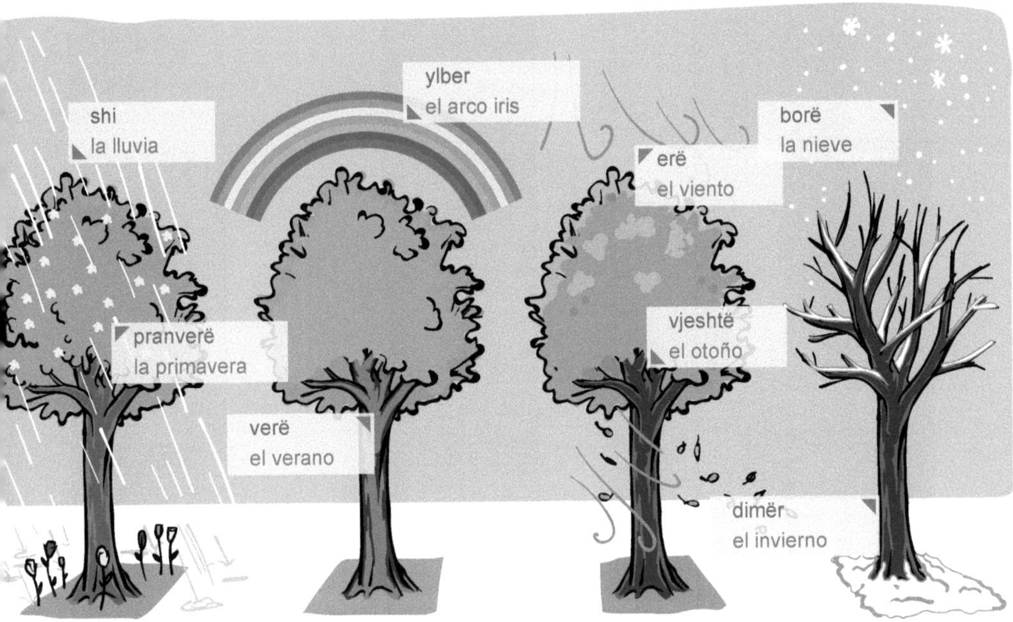

ylber
el arco iris
shi
la lluvia
borë
la nieve
erë
el viento
pranverë
la primavera
vjeshtë
el otoño
verë
el verano
dimër
el invierno

4.APRIL 11°
5.APRIL 4°
6.APRIL 13°
7.APRIL 8°
8.APRIL 10°

parashikimi i motit

pronóstico meteorológico

F
C
120
90
60
30
0
-30
40
30
20
10
0
-10
-20

termometër

el termómetro

ndriçim dielli

la luz del sol

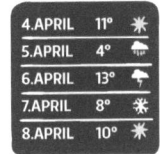

re

la nube

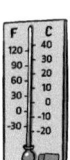

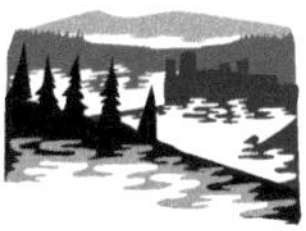

mjegull

la niebla

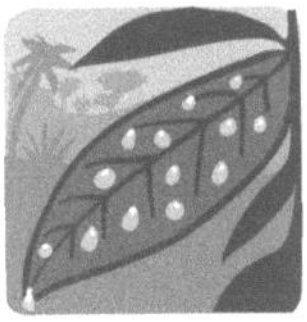

lagështi

la humedad

vetëtima

el rayo

gjëmim

el trueno

stuhi

la tormenta

breshër

el granizo

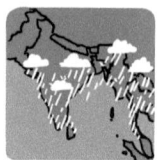

muson

el monzón

përmbytje

la inundación

akull

el hielo

janar

enero

shkurt

febrero

mars

marzo

prill

abril

maj

mayo

qershor

junio

korrik

julio

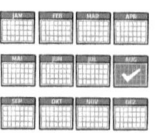

gusht

agosto

shtator
....
septiembre

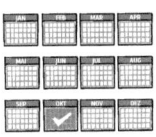

tetor
....
octubre

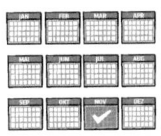

nëntor
....
noviembre

dhjetor
....
diciembre

forma
las formas

rreth
....
el círculo

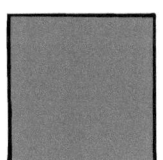

katror
....
el cuadrado

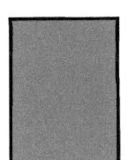

drejtkëndësh
....
el rectángulo

trekëndësh
....
el triángulo

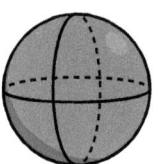

sferë
....
la esfera

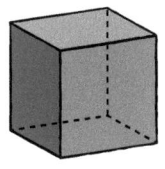

kub
....
el cubo

e bardhë

blanco

e verdhë

amarillo

portokalli

naranja

rozë

rosa

e kuqe

rojo

vjollcë

violeta

blu

azul

e gjelbër

verde

kafe

marrón

gri

gris

e zezë

negro

shumë / pak

mucho / poco

i nevrikosur / i qetë

enojado / tranquilo

i bukur / i shëmtuar

lindo / feo

fillim / fund

el principio / el fin

i madh / i vogël

grande / chico

i ndritshëm / i errët

claro / oscuro

vëlla / motër

el hermano / la hermana

e pastër / e pistë

limpio / sucio

e plotë / jo e plotë

completo / incompleto

ditë / natë

el día / la noche

gjallë / vdekur

muerto / vivo

i gjerë / i ngushtë

ancho / angosto

i ngrënshëm / i
pangrënshëm
....
comestible / no comestible

i keq / i këndshëm
....
malo / amable

i lumtur / i mërzitur
....
entusiasmado / aburrido

i shëndoshë / i dobët
....
gordo / flaco

e para / e fundit
....
primero / último

mik / armik
....
el amigo / el enemigo

plot / bosh
....
lleno / vacío

e fortë / e butë
....
duro / blando

e rëndë / e lehtë
....
pesado / liviano

uri / etje
....
el hambre / la sed

i sëmurë / i shëndetshëm
....
enfermo / sano

e paligjshme / e ligjshme
....
ilegal / legal

i zgjuar / budalla
....
inteligente / estúpido

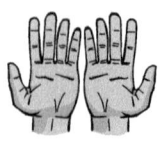

majtas / djathtas
....
izquierda / derecha

afër / larg
....
cerca / lejos

e re / e përdorur

nuevo / usado

asgjë / diçka

nada / algo

i moshuar / i ri

viejo / joven

ndezur / fikur

encendido / apagado

hapur / mbyllur

abierto / cerrado

i qetë / i zhurmshëm

silencioso / ruidoso

i pasur / i varfër

rico / pobre

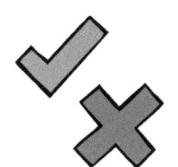

e drejtë / e gabuar

correcto / incorrecto

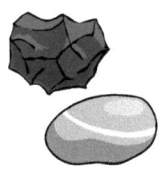

i ashpër / i butë

áspero / suave

i mërzitur / i lumtur

triste / contento

i shkurtër / i gjatë

corto / largo

ngadalë / shpejt

lento / rápido

i lagësht / i thatë

mojado / seco

ngrohtë / freskët

caliente / frío

luftë / paqe

guerra / paz

0	**1**	**2**
zero	një	dy
cero	uno	dos

3	**4**	**5**
tre	katër	pesë
tres	cuatro	cinco

6	**7**	**8**
gjashtë	shtatë	tetë
seis	siete	ocho

9	**10**	**11**
nentë	dhjetë	njëmbëdhjetë
nueve	diez	once

12

dymbëdhjetë

doce

13

trembëdhjetë

trece

14

katërmbëdhjetë

catorce

15

pesëmbëdhjetë

quince

16

gjashtëmbëdhjetë

dieciséis

17

shtatëmbëdhjetë

diecisiete

18

tetëmbëdhjetë

dieciocho

19

nentëmbëdhjetë

diecinueve

20

njëzetë

veinte

100

qind

cien

1.000

mijë

mil

1.000.000

milion

el millón

anglisht

el inglés

anglishte amerikane

el inglés americano

kinezisht mandarin

el chino mandarín

hindi

el hindi

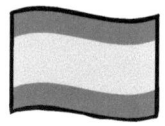

spanjisht

el español

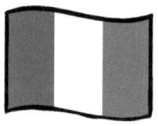

frëngjisht

el francés

arabisht

el árabe

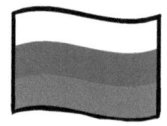

rusisht

el ruso

portugalisht

el portugués

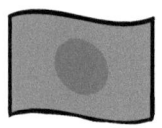

bengalisht

el bengalí

gjermanisht

el alemán

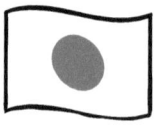

japonisht

el japonés

unë

yo

ti

vos

♂ ♀ ○

ai / ajo

él / ella

ne

nosotros

ju

ustedes

ata

ellos

kush?

¿quién?

çfarë?

¿qué?

si?

¿cómo?

ku?

¿dónde?

kur?

¿cuándo?

emër

el nombre

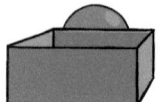

pas
....
detrás

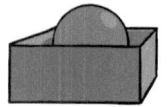

në
....
en

përballë
....
adelante de

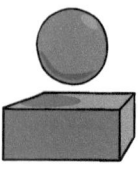

sipër
....
por encima de

mbi
....
sobre

poshtë
....
debajo de

pranë
....
al lado de

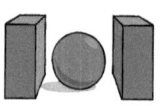

midis
....
entre

vend
....
el lugar